Marketing directo para empresas tradicionales

En Cápsulas

los secretos del mítico Dan S. Kennedy

INDICE

PREFACIO

Repensando el marketing y la publicidad

Los empresarios cada vez caen más fácilmente como víctimas de la publicidad: confundidos, abrumados y acosados por las agencias y los gurús de la publicidad.

Yo estoy aquí para acallar todo ese ruido y ofrecer un poco de claridad a través de una pequeña lista de reglas y estrategias fundamentales.

¿Quién es tu modelo a seguir?

Para empezar, partamos de la idea de que la mayoría de la publicidad que ves, especialmente la de las grandes empresas, es errónea para una pequeña o mediana empresa (PYME).

Las grandes empresas tienen objetivos y presupuestos muy distintos a los tuyos. Es como si el conejo intentara imitar al león, poniéndose a la vista en una roca para rugir: ese conejo terminaría mal muy pronto.

También hay que decir que, a menudo, cuanto más

crece una empresa, más tonta se vuelve porque aumentan las personas que gastan el dinero de otros.

Estas personas están alejadas de la realidad y, por lo tanto, son más vulnerables a las trampas de las agencias creativas que sueñan con hacerse famosas gracias a su "arte".

Hoy en día, muchos comerciantes intentan competir con Amazon abriendo una tienda en línea, simplemente porque todos lo hacen. Hacen enormes esfuerzos, se llenan de costos y reducen sus márgenes, ignorando el hecho de que ni siquiera Amazon gana dinero del comercio electrónico. Amazon gana dinero de la publicidad, las tarifas que pagan los vendedores para usar la plataforma, los servicios en la nube y muchas otras cosas que no tienen nada que ver con el comercio electrónico.

El hecho es que muchos de tus colegas son ciegos guiando a otros ciegos. La prueba está en el hecho de que en cada categoría, negocio o grupo:

- el 1% crea una riqueza enorme;

- el 4% gana muy bien;

- el 15% gana bastante bien;

- el 60% apenas sobrevive;

- el 20% es pobre.

Por lo tanto, la mayoría de tus colegas continúa haciendo marketing de manera incorrecta y, si te atreves a contradecirlos, a veces reaccionan de manera violenta, porque estás cuestionando su filosofía, su existencia.

Recuerda siempre que cada crítico tiene su propia agenda, consciente o inconscientemente.

El gran divisor

Debes saber que existen dos escuelas de pensamiento muy diferentes.

Por un lado, están la mayoría de las empresas, casadas con su marketing ineficaz, centrado en la marca y no medible. La mayoría de su dinero lo invierten basándose en fe, esperanza y ego.

Por otro lado, estamos nosotros, los rebeldes del marketing directo que, según el gran publicista David Ogilvy, somos "los únicos que saben lo que hacen".

Nosotros sabemos cómo producir resultados, no solo conciencia de marca, seguidores u otras métricas inútiles. Para nosotros, resultados significa dinero.

Para nosotros, la marca es un subproducto del marketing directo, es incidental al crecimiento que producimos, no puede ser un costo inicial.

CAPÍTULO 1

El gran reinicio

Empecemos aclarando qué entiendo por negocios tradicionales y por negocios de respuesta directa.

Los negocios de respuesta directa pura son todos aquellos productos/servicios que se venden a través de correo, catálogos o en línea (Amazon & Co.) y que utilizan publicidad muy directa y orientada a la venta inmediata.

Los negocios tradicionales, en cambio, son todos los demás: tiendas, clínicas dentales, supermercados, lavanderías, peluquerías, consultorías, restaurantes, etc.

Este libro ha sido escrito exclusivamente para los propietarios de negocios tradicionales que sirven a un mercado local con el objetivo de transformar sus actividades en máquinas de hacer dinero a través del marketing directo.

La mayoría de los clientes que siguen mis consejos con éxito son propietarios de negocios tradicionales, por eso deberías seguir su ejemplo, no el de las grandes empresas cotizadas en bolsa.

Para aclarar de una vez por todas la diferencia de

objetivos entre tú y una gran empresa, los comparamos ahora mismo.

Objetivos de una gran empresa

1. Complacer al consejo de administración;

2. Complacer a los accionistas;

3. Tener cierta reputación en Wall Street;

4. Hacer buena impresión en los medios;

5. Construir identidad de marca;

6. Ganar premios publicitarios;

7. Vender algo.

Tus objetivos

1. Vender algo. Ahora.

El triángulo de Kennedy

El marketing directo se basa en el "triángulo de resultados" e incluye: Mensaje, Mercado y Medios. La buena noticia es que, incluso si no entiendes nada de publicidad, hay algo que seguramente sabes hacer muy bien y eso es vender tus productos o servicios.

Esto significa que conoces el Mensaje y eso ya es un buen punto de partida. No te preocupes, son conceptos que profundizaremos más adelante.

Los 10 mandamientos del marketing directo (a seguir al pie de la letra)

1. Siempre habrá una o más ofertas;
2. Habrá una razón para responder de inmediato;
3. Darás instrucciones claras;
4. Rastrearás y medirás con responsabilidad;
5. Solo branding a costo cero;
6. Siempre habrá seguimiento;
7. Habrá un copy fuerte;
8. Tendrá el aspecto de publicidad por correo;
9. Los resultados mandan;
10. Debes ser disciplinado y seguir una dieta estrictamente basada en marketing directo.

Digo que debes seguirlas al pie de la letra porque al principio es la única manera de deshacerte de los malos hábitos. A medida que te vuelvas experto, podrás modificar algunos aspectos aquí y allá, pero al principio no te lo recomiendo.

Una palabra sobre los gurús de los nuevos medios y las métricas fantasiosas. Te dirán que los nuevos medios no funcionan como los viejos. Curiosamente, estas personas nunca gastan su propio dinero en jugar con estos medios, pero gastan el tuyo sin rastrear su efectividad.

CAPÍTULO 2

Una oferta que no puedes rechazar

El marketing directo impone disciplina. Por alguna extraña razón, los empresarios cierran un ojo ante los resultados de la publicidad y el marketing, mientras que no lo hacen con nada más en el mundo.

Solo los expertos en marketing directo saben que siempre hay que crear una nueva oferta para poder rastrear sus resultados y entender si ha funcionado o no.

¿Recuerdas la regla n.º 1? Tu objetivo es incorporar una o más ofertas directas en cada mensaje y en cada oportunidad.

Los dos tipos de oferta

1. <u>Venta directa.</u> Se trata de los clásicos descuentos que vemos por ahí. Sin embargo, este tipo de oferta tiene aspectos negativos: afecta la integridad del precio y el beneficio. Si se usa demasiado a menudo, hace que las personas compren solo si hay un descuento. Además, solo se dirige a las personas listas

para comprar ahora, excluyendo a todos aquellos que podrían estar interesados en el futuro. Finalmente, puede ser fácilmente comparada con otras ofertas, incluso en línea, desencadenando una despiadada carrera hacia abajo;

2. <u>Generación de leads.</u> Una oferta mucho más interesante porque puede reducir el desperdicio de dinero en publicidad y ofrecer una oportunidad para construir confianza y relación con los prospectos. Esta es una oferta muy utilizada por los marketers a nivel nacional, pero por alguna extraña razón, poco usada por los pequeños negocios locales. Supongamos que renuevas baños, por ejemplo, sería mucho más útil y sencillo publicitar una guía sobre los errores a evitar en la renovación, capturando datos y educando al cliente, en lugar de ofrecer un presupuesto gratuito de manera fría.

Resistencia a cruzar el umbral

¿Sobre qué umbral se encuentra tu oferta? ¿Cuál es el coste "psicológico" de la elección del cliente, qué crea fricción?

Piensa en un presupuesto gratuito para una renovación o una visita gratuita a un doctor desconocido o una cita gratuita con un consultor. El cliente, aunque no tenga que pagar nada, se siente intimidado porque no te conoce, no tiene confianza.

¿Cómo reducir esta resistencia a cruzar el umbral?

Con lo que yo llamo "information-first marketing". Te pongo algunos ejemplos:

- una escuela de karate, en lugar de ofrecer una clase gratuita, crea un informe titulado "Guía para padres que quieren proteger a sus hijos del acoso escolar";

- si vendes colchones puedes crear una guía titulada "Por qué nunca puedes dormir bien";

- el consultor de TI, no promueve sus servicios, sino que ofrece un libro gratuito "Cómo protegerse de los ataques informáticos".

El enfoque híbrido

Nada te impide combinar las 2 cosas, por ejemplo, crear una oferta con un umbral más alto (para los más decididos) acompañada de una oferta "information-first marketing", dando más razones para responder a tu anuncio. Puedes experimentar y probar qué funciona mejor para ti.

Regla n. 2: La razón para responder de inmediato

La hesitación y la procrastinación son de los comportamientos más comunes en la naturaleza humana. El costo oculto y el fracaso de la publicidad están en los llamados "casi convencidos". Por esta razón debe haber urgencia, una buena razón para comprar de inmediato.

Southwest Airlines encontró la manera de acelerar el check-in de los pasajeros decidiendo no asignar asientos. De esta manera, la gente se apresura a subir para elegir el mejor asiento.

El propósito del marketing directo es encontrar una razón de urgencia: plazas limitadas, días limitados, etc.

Mi amigo copywriter John Carlton define al cliente como "un perezoso sonámbulo, tumbado en el sofá con el teléfono fuera de alcance". ¡Tu oferta debe ser tan única que le haga levantar el trasero y tomar el teléfono!

CAPÍTULO 3

Hazlos Obedecer

¿Cuántas veces nos quejamos de las personas que nos importan esperando que nos lean la mente?

Cuando quieres que alguien haga algo, no basta con decirlo una vez; hay que repetirlo, recordarlo, reforzarlo. Nosotros, los marketers y empresarios, también debemos hacerlo con nuestros clientes, aclarando exactamente lo que queremos que hagan.

Regla 3: da instrucciones claras

La mayoría de las personas pueden seguir instrucciones correctamente y hacer lo que se les dice: es lo que nos enseñan desde pequeños.

A menudo, el error de muchos marketers está en dar instrucciones confusas o no darlas en absoluto.

La gente odia lo desconocido, quieren saber exactamente qué se espera de ellos, los pasos que deben seguir. Si están confundidos, no comprarán. Nunca des nada por sentado.

Por ejemplo, en uno de nuestros tests, simplemente cambiamos el botón "comprar ahora" por "haz clic en el botón para comprar ahora", y vimos un aumento significativo en las ventas.

CAPÍTULO 4

No a los Aprovechados

Regla n. 4: rastrear con responsabilidad

No permitirás más ningún gasto en marketing sin medir sus resultados.

Cada dólar que gastes debe necesariamente multiplicarse o traducirse en los resultados establecidos. Nunca cedas en este punto. Y por resultados, no me refiero a likes, visualizaciones y otras métricas inútiles.

Debes hacerlo por 2 razones:

1. Es la única estrategia que funciona;

2. Necesitas estos datos para tomar decisiones de marketing inteligentes.

Cuidado: los empleados pueden ser un obstáculo para el seguimiento, a veces por pereza o terquedad. Es normal que al principio haya un poco de resistencia, pero vale la pena.

Te pongo un ejemplo. Los empleados de una cadena de tiendas muy publicitada en varios medios tenían la tarea de preguntar a los clientes cuál había sido el anuncio que los había impulsado a ir a la tienda. El problema era que lo hacían de mala gana y los datos no eran precisos. Entonces se decidió hacer un cambio poniendo encuestas en la entrada con un sorteo para quienes las completaran. Los datos aumentaron y se volvieron más precisos.

Regla n. 5: branding gratis

En mi libro "Construir una marca con respuesta directa" está el ejemplo práctico de cómo lo hicieron los propietarios de Iron Tribe Fitness. Siguieron todas las reglas de la respuesta directa, como el rastreo, y entendieron cómo construir una marca a través de las ventas.

No estoy en contra del branding y conozco la importancia de tener una marca reconocida. Muchos de mis clientes han construido marcas poderosas y yo también lo he hecho con mis negocios. Pero ninguno de nosotros ha construido la marca pagando cantidades exorbitantes, simplemente fue un subproducto de nuestras ventas hechas con direct marketing.

Muchos pequeños negocios y start-ups no pueden permitirse gastar en branding, por eso mi consejo es: gasta para vender (publicidad de respuesta directa) y también recibirás un poco de branding. ¡Nunca pagues por el branding esperando vender!

Finalmente, nadie puede garantizarte que tu marca sea inmortal, el cementerio de las marcas siempre está lleno. Ahí puedes encontrar a Holiday Inn,

Pontiac, Kodak y muchos otros que en su momento fueron líderes del sector.

Publicidad sin Marca

En algunos casos, los anuncios funcionan mejor sin ningún logo o marca. Es el caso de la publicidad clásica que quiere llamar la atención sobre un tema espinoso o controvertido. Poner un logo o un nombre mataría el poder de este anuncio. Esta estrategia funciona muy bien en el sector financiero.

Siempre puedes hacer branding internamente con los clientes ya adquiridos, mientras para los nuevos continúas haciendo publicidad desnuda, sin marca.

CAPÍTULO 5

Basta con los Agujeros en el Cubo

Imagina tu negocio como si fuera un cubo en el que pones ideas, energía y dinero, esperando generar suficientes beneficios. Muchos empresarios se concentran en poner estas cosas en el cubo, pero muy pocos se interesan por lo que sucede dentro.

Regla n. 6: haz follow-up

En muchas empresas, a menudo veo más agujeros que cubos. Hay clientes que:

1. leen tu publicidad o te encuentran por casualidad;

2. vienen a tu sede o visitan tu sitio web;

3. preguntan algo a tus empleados.

Y en todo este tiempo nadie se molesta en tomar sus datos, hacerles una oferta o enviarles algo gratuito. ¡Esto es un desperdicio criminal!

Cómo Encontrar un Millón Extra en Tu Empresa

¿Quién no querría un millón de dólares más en facturación? La buena noticia es que ya está dentro de tu negocio, la mala es que se encuentra en el follow-up que no haces (clientes nunca recontactados).

A menudo, los empresarios se conforman: por ejemplo, gastan 1,000$ en publicidad para recibir 50 llamadas, consiguen 5 citas y solo cierran 2 clientes. Si estos 2 clientes valen 1,000$ cada uno, ya están contentos así (gastan 1,000 y ganan 2,000).

No piensan que cada llamada les costó 20$ y 45 no se convirtieron ni en una cita. En la práctica, es una pérdida de 900$.

Si, gracias al follow-up, lograsen conseguir otros 5 citas (y 2 clientes efectivos) podrían ganar otros 2,000$.

Si, además, cada cliente refiere a otro, los 2,900$ antes desperdiciados se convertirían en 4,900$, luego 6,900$, luego 8,900$ y finalmente 10,900$. Si esto sucede una vez al mes son 109,000$ que deberías ingresar, pero se escapan por los agujeros del cubo. En 10 años, son exactamente 1 millón de dólares.

¡Podrías convertirte en millonario simplemente tapando todos estos agujeros!

El direct marketing nunca piensa solo en adquirir un cliente a través de una venta única, lo que llamamos "front end". La primera venta debe servir para iniciar una relación duradera y repetitiva en el tiempo, llevando gradualmente al cliente hacia productos/servicios más costosos, el llamado "back end". Finalmente, se trata de construir un sistema que impida que los leads y prospectos se pierdan antes de convertirse en clientes.

Vamos a ver las fallas más comunes:

1. La persona que llama para pedir información y no es recontactada;

2. Ningún follow-up a leads obtenidos en ferias y exposiciones;

3. Ningún follow-up en las referencias;

4. Ningún seguimiento inmediato o upsell a los nuevos clientes para convertirlos en habituales;

5. Ningún esfuerzo para prevenir o evitar la pérdida de clientes. La indiferencia hacia los clientes es la principal causa que los lleva a irse a otro lado.

¿Cómo se Hace el Follow-Up?

El más común y confiable consiste en 4 pasos, combinando diferentes medios a bajo costo o gratuitos. Todo el proceso puede automatizarse, alcanzando a más contactos al mismo tiempo.

Ejemplo: puede haber un correo electrónico con un enlace a un video. Ver el video desencadenará una secuencia de correos electrónicos y llamadas telefónicas. Quien no compre después de todo esto, podría recibir otra serie de correos electrónicos diferentes y otro video, tratando de responder a las objeciones del cliente.

Paso 1: La Reinvención de la Misma Oferta

Si el prospecto no ha comprado tu oferta, intenta hacerla más atractiva: ofrece más información y muéstrate dispuesto a responder preguntas. Hazle saber que está recibiendo esta comunicación porque no compró de inmediato. Re-presenta la oferta con una nueva fecha límite.

Paso 2: Sé Duro o Amigable

Dependiendo de tu personalidad, puedes usar temas como "¿Te has perdido?", "Estoy preocupado por tu fracaso...", "No entiendo qué pretendes hacer..." u otros temas que capturen la atención y al menos empujen al prospecto a explicar por qué no ha respondido.

Puedes re-presentar la oferta, modificándola un poco y enfatizando su fecha límite, quizás ofreciendo un plan de pago o un regalo adicional.

Paso 3: ¡Última Oportunidad!

Esta es la última notificación antes de que la oferta expire para siempre. Debe ser muy dramática y enfática sobre todo lo que podrían perder al no aceptar.

Paso 4: Cambia la Oferta

A veces puedes cambiar fácilmente la oferta, ofreciendo un plan de pago diferente, un bono distinto, etc.

Otras veces, los prospectos simplemente te están diciendo que no quieren tu solución a su problema o deseo. Esto no significa que el problema o deseo haya desaparecido.

Ejemplo: Mary respondió a tu anuncio porque quiere perder peso, le ofreciste entrenamiento en el gimnasio y no aceptó. Tal vez aceptaría suplementos, una dieta o fajas reductoras.

CAPÍTULO 6

Gritar Más Fuerte

Hoy en día, estamos inmunizados al ruido, por lo que se vuelve cada vez más difícil gritar más fuerte que los demás para ser escuchados. Además, aparte de gritar, también hay que tener algo interesante que decir.

Regla n. 7: Habrá un copy fuerte

Muchos empresarios intentan gritar más fuerte gastando más dinero, comprando espacios publicitarios más grandes o utilizando testimonios famosos.

El problema es que no basta con gritar para vender, hay que conocer las técnicas de venta y muchos empresarios las ignoran totalmente o las evitan.

A menudo me encuentro brindando apoyo emocional a mis clientes porque tienen creencias difíciles de erradicar y alimentadas por el ego: piensan que sus clientes son más sofisticados y que no responderán a tonos sensacionalistas o simplemente tienen miedo de lo que la gente (amigos, familiares, colegas) pensará de ellos.

Hay que entender que, en este ambiente, todo lo que

es ordinario y normal se ignora; los mensajes cautelosos y calmados pasan desapercibidos.

Como ya he dicho, sin embargo, no basta con gritar y atraer la atención, hay que comunicar un mensaje relevante para el público objetivo y que sea capaz de construir autoridad.

Por lo tanto, mi consejo es no dejarse intimidar por la desaprobación de los demás, siempre y cuando nuestras publicidades funcionen y nos traigan clientes y facturación. Las únicas reglas a respetar son las de los medios en los que nos apoyamos para evitar ser baneados.

Los 3 Errores del Copy Ineficaz

La mayoría de los direct marketers y copywriters de respuesta directa saben que hay que partir de los intereses, frustraciones, miedos y deseos de los clientes, llegando solo después a una solución relacionada con el producto/servicio.

Todos los mensajes ineficaces, en cambio, cometen estos 3 errores:

1. <u>Ignorar la psicología del cliente.</u> Hablan solo de la empresa, de los productos o servicios, de las características y beneficios, precios y garantías;

2. <u>Escritura fría e impersonal.</u> Hay que ser emocionales, entusiastas y conversar como si habláramos con un amigo;

3. <u>Afirmaciones cautelosas.</u> Tomemos un

anuncio de un curso de golf, ¿es más efectivo decir "aprenderás a corregir el tiro y a alcanzar más distancia" o "aprenderás a tirar más recto y lejos de lo que jamás has hecho en tu vida"? Recuerda: los vendedores tímidos tienen hijos hambrientos.

Si insistes en gastar más dinero para difundir un mensaje ineficaz, solo haces daño a tu billetera y a tu reputación.

El punto es que todos necesitan un copy fuerte que sea capaz de vender y es muy probable que tengas que aprender a escribirlo tú mismo porque los buenos copywriters de respuesta directa son muy caros, a menudo demasiado para un pequeño negocio.

CAPÍTULO 7

La Estética

Los empresarios adoran las publicidades bellas y refinadas. Quieren hacer sus mensajes elegantes y por lo tanto son a menudo víctimas fáciles de las agencias creativas. Su ego no se preocupa por los resultados, solo por inflar el pecho de orgullo.

Nosotros, los direct marketers, preferimos la ropa de trabajo. No necesitamos la aprobación de los snobs, vestimos nuestro marketing con ropa cómoda que nos permita alcanzar los objetivos establecidos.

Regla n. 8: Tendrá el Aspecto de la Publicidad por Correo

Lo que estoy a punto de decir sorprenderá a muchos empresarios. Si tienes la fortaleza de abandonar los prejuicios, ganarás mucho dinero.

Basta con ignorar todo lo que hacen los demás y seguir las simples líneas guía que te proporcionaré.

La clásica publicidad por correo tiene el aspecto de un artículo de periódico: un titular, un subtítulo, 2 o 4 columnas de texto y a veces algunas imágenes.

Generalmente, el primer cuarto incluye el título y el subtítulo, en el medio encontramos la presentación del producto/servicio (a veces con testimonios). Finalmente, encontramos la oferta y las instrucciones para responder, a menudo con un cupón.

Otra alternativa válida es el advertorial, un poco más disfrazado que el descrito anteriormente, que fusiona un verdadero artículo editorial con la promoción de un producto/servicio.

Eso es todo. Fin. El resto no importa.

Ya te digo que muchos creerán que estás loco, pero te aseguro que verás muchos más resultados que copiando ciegamente las hermosas publicidades de los demás. Es un método consolidado que ha hecho millonarias a muchas personas, incluyéndome a mí y a muchos de mis clientes.

Ndr Si necesitas inspiración, con anuncios reales que funcionan, puedes visitar el sitio www.swiped.co.

CAPÍTULO 8

Dinero en el Banco

Si eres empresario, tu objetivo principal debe ser
ganar dinero, punto. Cuanto antes aceptes esta simple
verdad, antes tendrás éxito.

Regla n. 9: Solo los resultados cuentan

Te pongo un ejemplo. Si pagas 20$ por el lavado de tu
coche, esperas que tu coche esté limpio, de lo
contrario no pagas.

¿Por qué este simple concepto no se aplica también al
advertising? Debes convencerte de que las opiniones
no cuentan, ni siquiera las tuyas, solo cuentan los
resultados.

Una de las cosas más bellas del direct response es que
se pueden hacer pruebas A/B, con dos versiones
ligeramente diferentes del mismo anuncio, para ver
cuál funciona mejor. Se pueden cambiar las
imágenes, los colores, el título, la longitud del copy,
etc.

Midiendo los datos, tendrás la certeza de lo que

funciona y lo que no, ¡y enterrarás para siempre las opiniones!

Ahora te explicaré por última vez por qué tus opiniones o las de tus amigos/familiares/colegas no cuentan.

No sois vosotros quienes pagan por los servicios de tu empresa, son tus clientes los únicos que importan. Si ellos responden a tus anuncios y compran, tienes el deber de ignorar cualquier otra opinión.

El mundo está lleno de personas que quieren resultados pero no están dispuestas a hacer lo necesario para obtenerlos. Esta actitud es lo que separa a los ganadores de los perdedores. ¿De qué lado estás?

CAPÍTULO 9

El Poder de la Disciplina

Cuando termines de leer este libro sabrás qué hacer, la pregunta es: ¿tendrás el coraje de hacerlo?

Regla n. 10: Debes ser disciplinado y hacer solo direct marketing

Está ese empleado vago que no tienes el coraje de despedir, está la publicidad inútil que no tienes el coraje de detener, ese sitio web que no sirve para nada pero no tienes ganas de rehacer. Entonces dejas todo como está.

Si no tienes ganas de ganar, ese deseo ardiente en tu interior, si no tienes la fuerza para hacer todo lo necesario, nunca lo lograrás.

Debes ignorar las críticas, hacer inversiones razonadas, ser disciplinado en la ejecución y determinado para tener éxito:

1. <u>Deshazte de la basura.</u> Elimina todo lo que no produce resultados o que no te permite rastrearlos: folletos, publicidad, medios,

empleados ociosos;

2. <u>Crea un nuevo plan de marketing.</u> Simple, con pocas reglas a seguir y objetivos claros y escríbelo en papel;

3. <u>Elige nuevas herramientas.</u> Nuevos anuncios, sitio web, secuencias de correo electrónico, software, discos de venta, etc;

4. <u>Comienza a medir todos los datos.</u> Todo debe medirse: diariamente, semanalmente, mensualmente, anualmente. Solo así puedes mejorar.

5. <u>Practica.</u> Dedica tiempo suficiente a estudiar, reflexionar y mejorar constantemente tu marketing;

6. <u>Desconfía de quienes quieren obstaculizarte.</u> Cualquiera que intente disuadirte de tus objetivos o trate de modificar las reglas del direct marketing es un peligro para la supervivencia de tu negocio, no les escuches.

Lista Básica de Herramientas de Direct Marketing

Front end/adquisición de clientes:

- Lead magnet. Libros, informes gratuitos, videos;

- Sitios web. Creados especialmente para capturar los datos de los clientes;

- Sales letter;

- Secuencias de follow-up para quienes no compran;

- Discos de venta (*script*) para llamadas entrantes que capturen datos para hacer follow-up.

Back end/mantenimiento y ascenso del cliente:

- Secuencias online y offline. Por ejemplo, para hacer up-sell y cross-sell;

- Promociones estacionales;

- Boletines informativos;

- Campañas de referidos;

- Reactivación de clientes inactivos o perdidos;

- Catálogos online y offline.

CAPÍTULO 10

El Triángulo de los Resultados

Hay 3 componentes en la base de toda estrategia de marketing, en cada sector y para cualquier producto/servicio:

1. El mensaje de marketing;

2. El medio para promoverlo;

3. El mercado que responde al anuncio.

Estos 3 elementos son todos fundamentales y es necesario que estén todos correctos para que tu marketing funcione. Basta con fallar en uno para fracasar.

El Mercado

¿A quién estás tratando de atraer? ¿A quién te diriges? Solo conociendo bien a tu mercado puedes elegir el mensaje y el medio correctos.

Parece obvio, pero la mayoría del marketing que veo por ahí siempre está enfocado en el producto, no en el cliente, y tiende a ser muy genérico para intentar atraer a más clientes, fallando.

Muchos empresarios no saben describir quiénes son sus clientes ideales o actuales.

Te pongo un ejemplo de un cliente mío: su servicio consiste en encontrar esposas extranjeras para hombres estadounidenses decepcionados de relaciones anteriores, ayudando también con los trámites de inmigración. Cuando le pregunté quiénes eran sus clientes, me respondió: todos. Pero cuando le pregunté quiénes eran sus mejores clientes, no pudo darme una respuesta. Investigando, resultó que la mitad de sus clientes eran camioneros divorciados.

Cómo Usar la Información

Ahora que sabe quién es su cliente ideal, puede, por ejemplo, decidir hacer publicidad en áreas de servicio o en periódicos y revistas leídas por camioneros, en lugar de en periódicos generales como USA Today. Entonces elegirá el medio correcto.

Luego, en lugar de mensajes genéricos, podrá dirigirse directamente al público de los camioneros, hablando su idioma y respondiendo a sus problemas específicos y usando como testimonio a otros camioneros. Así ha encontrado también el mensaje correcto. El triángulo está completo.

Si tienes un nuevo negocio, intenta pensar en esto y analizar a tus competidores o empieza con tus preferencias personales. En cualquier caso, nunca intentes atraer a todos.

Si no tienes ganas de seleccionar y discriminar de manera inteligente tendrás estos problemas:

1. serás igual a muchos otros;

2. no podrás ganar más que el promedio;

3. serás considerado un commodity, estarás expuesto a la competencia y a la carrera de precios a la baja.

El Mensaje

Sobre este punto es importante entender que:

1. Tus clientes y prospectos están inundados de comunicaciones de la competencia y no solo, que compiten por su atención y su dinero;

2. La mayoría de las comunicaciones fallan miserablemente, con tasas de conversión inferiores al 1%. Quienes usan el direct marketing ven tasas mucho mejores, en promedio del 200 al 500%, pero incluso más altas;

3. Las comunicaciones sobre productos y servicios interesan más a ti que a tus clientes;

4. La gente lee lo que les interesa, por lo tanto, debes proporcionar información interesante/impactante/secreta para luego conectarla con tu producto/servicio.

Volviendo al concepto de information-first marketing, lo acuñé precisamente para diferenciarlo de todos los demás tipos de publicidad. Para entender bien qué tipo de información ofrecer, hay un principio básico: elige el cebo adecuado para tu presa.

Una vez que sabes cuál es la presa que quieres atraer (el mercado) puedes elegir el cebo adecuado. Por cebo, me refiero obviamente al mensaje, pero también a lo que ofreces para incentivar la respuesta (un informe, un regalo, un servicio gratuito, etc.).

Las razones de los escasos resultados de muchos empresarios son:

- Falta de un cebo (branding clásico);

- Cebo deficiente (aburrido) Por ejemplo, un informe "Guía de impuestos inmobiliarios" que podría mejorarse a "Cómo engañar legalmente a la Agencia Tributaria y evitar impuestos inmobiliarios";

- Cebo incorrecto. Por ejemplo, una guía sobre impuestos inmobiliarios para personas que aún no poseen una casa (parejas jóvenes).

Finalmente, está el concepto de alineación entre el mensaje y el mercado. Para hacer magnético el mensaje, se debería crear un folleto/anuncio/catálogo específicos para cada segmento de clientes, no una herramienta igual para todos, de lo contrario el mensaje se volverá genérico.

Los Medios

La lista de medios (online y offline) es infinita. Algunos nacen y mueren en poco tiempo, otros duran años. Intentar estar en todos los medios posibles, sin considerar cuáles traen resultados reales, no es factible. Correrías el riesgo de malgastar tiempo y dinero innecesariamente.

¿Cómo elegir los medios adecuados? Siempre tiene que ver con a quién estás tratando de alcanzar (mercado) y sus hábitos. Una cosa es cierta, si el medio que has elegido no te permite medir su eficacia, deberías evitarlo.

Aquí también, las opiniones tuyas y de la gente a tu alrededor sobre tendencias y la muerte de ciertas herramientas son irrelevantes.

Tu tarea es encontrar lo que funciona para tus clientes y tratar de no depender al 100% de una sola plataforma, especialmente si se trata de redes sociales o plataformas privadas que pueden banearte y expulsarte en cualquier momento.

CAPÍTULO 11

Sitio Web de Direct Response

El direct marketing no es una moda o un enfoque válido solo en algunos campos y con ciertos medios.

Es un método basado en conceptos inmutables de la naturaleza humana y la psicología, por lo tanto, es aplicable también en línea, a cualquier medio.

En este capítulo, hablaremos de cómo crear un sitio web que, de ser una simple brochure, se transforme en una máquina de hacer dinero que convierta a los visitantes en clientes.

Diferencia con Otros Sitios Web

La mayoría de los sitios que examino son bonitos y los empresarios están orgullosos de mostrármelos, también porque a menudo han gastado mucho dinero en crearlos. Cuando pregunto cuántas visualizaciones de página tienen o cuántos leads logran obtener del sitio, no saben responderme.

Los días en los que un sitio web podía ser simplemente una bonita vitrina han terminado.

Es necesario impulsar a los visitantes a realizar una acción, y no cualquier acción, sino la que nosotros queremos. En práctica, tu sitio debe ser tu vendedor 24/7.

Esto es aún más importante si estás enviando tráfico pagado con Google Ads o publicidad en redes sociales.

Vamos a ver las 8 reglas para un sitio de direct response:

1. Tener una USP (Propuesta Única de Venta);

2. Ofrecer un Lead Magnet;

3. Construir un sistema para capturar correos electrónicos;

4. Configurar una secuencia de correos electrónicos de follow-up;

5. Usar imágenes y videos relevantes;

6. Incluir testimonios y reseñas;

7. Ser Mobile friendly;

8. Enviar personas al sitio usando redes sociales y marketing offline.

Para encontrar tu USP, debes considerar los verdaderos beneficios que ofreces a tus clientes y sintetizarlos en una frase que haga entender por qué deberían comprarte a ti. No estoy hablando de "precios bajos" o "alta calidad", ¡sé específico! La USP debería generar una reacción tipo "Wow, ¿en serio? ¿Cómo es posible?", en fin, debe despertar curiosidad.

Debe haber una CTA (Llamada a la Acción) que

genere leads o ventas: completar un formulario, registrarse para el boletín, un cupón, ver un webinar, solicitar un informe, etc.

Intenta ofrecer variedad: la sales letter para quienes prefieren leer, el video para quienes aman los videos, los datos para quienes aman las estadísticas, etc.

El copy del sitio debe centrarse en el cliente, no en ti y tu empresa. Verifica regularmente cuántas personas visitan el sitio y cuántas dejan sus datos.

Follow-up

Otro aspecto crítico de muchos sitios es que no tienen un sistema para mantenerse regularmente en contacto con los clientes, pero esta es la única forma de construir una relación duradera y permanecer en la mente de los clientes. Siempre es dinero bien gastado.

Estos correos electrónicos no deben ser aburridos, sino interesantes, divertidos, deben crear una comunidad.

Dos o tres veces al año crea concursos y anuncia a los ganadores por correo electrónico, esto aumentará la interacción y las tasas de apertura.

Reseñas y Testimonios

Incluye siempre reseñas o testimonios de clientes satisfechos en tu sitio, lo que otros dicen sobre ti siempre es más creíble que decirlo tú mismo.

Pueden ser escritas o en forma de video y cuanto más detalladas y específicas sean, más creíbles serán, especialmente si el cliente puede identificarse en los problemas y las historias de los testimonios.

CAPÍTULO 12

La Importancia del Funnel

Como empresario, tu tarea es adquirir nuevos prospectos (o leads).

Luego, debes convertir los leads en clientes, hacer que compren varias veces y, finalmente, permitirles referir nuevos clientes.

Por estas razones, necesitas un funnel de ventas, que en la práctica te permite:

- aumentar los ingresos;

- mejorar la tasa de conversión;

- predecir el volumen de ventas;

- identificar productos/servicios que no se venden fácilmente.

El funnel comienza cuando alguien muestra interés en tu producto/servicio y lleva al cliente a través de una serie de pasos que apuntan a convertir tanto como sea posible.

Las conversiones pueden ser de diferentes tipos: descargar un documento, ver un video o realizar una compra.

Los mejores funnels tienen en cuenta la diversidad de

los clientes y ofrecen personalización de ofertas, bonificaciones, upsells, downsells, etc. De esta manera, se maximizan las ganancias para todos los tipos de clientes.

Piensa en el funnel como un árbol con muchas ramas y diferentes tipos de manzanas (productos/servicios). Debes ofrecer tantas opciones como sea posible para la mayor cantidad de clientes. Si se conforman con la rama más baja para recoger una manzana verde, está bien. Si quieren subir un poco más alto y recoger hermosas manzanas doradas, debes permitírselo.

¿Cómo generar el deseo de escalar el árbol? Primero, necesitas algo gratuito o con un precio muy bajo. De esta manera, los clientes están contentos de recibir algo de ti sin sacrificios particulares. Tú estás contento porque has comenzado a establecer una relación y has demostrado tu valor potencial.

No todos, sin embargo, disfrutan siguiendo gradualmente la escalada, hay quienes, tan pronto como deciden que puedes ayudarlos, quieren saltar directamente a la solución más costosa, sin perder tiempo. Por eso, el funnel siempre debe contener atajos, en cada paso del camino.

Otra cosa muy importante es la facilidad de compra: en cada paso debe haber un enlace para comprar fácilmente el producto/servicio. Cuando el cliente está listo para comprar, debes estar inmediatamente disponible.

Cómo Construir un Funnel

Ahora que sabes por qué necesitas un funnel, veamos cómo construirlo. Los basados en un producto a menudo incluyen 2 acciones: agregar al carrito y finalizar la compra.

Los funnels pueden ser más simples o más complicados; al principio es mejor empezar con uno simple y luego agregar elementos a medida que crecen tus habilidades.

Crear una simple landing page con un opt-in, página de agradecimiento y un enlace para un autoresponder toma menos de media hora.

Primero, piensa en lo que puedes ofrecer gratis, es importante elegir algo relevante para tu cliente ideal porque el objetivo siempre es convertirlo en un cliente habitual y recurrente.

Veamos un funnel paso a paso:

1. La primera página se llama Página Principal. Contiene tu oferta, quizás un video breve (2-3 minutos) y solo requiere el nombre y el correo electrónico del cliente.

2. El increíble regalo gratuito debe ser relevante para tu oferta principal y sentar las bases para una relación duradera con el cliente. Quienes opten por recibirlo recibirán la confirmación de que su regalo está en camino y, mientras tanto, se les invita a profundizar con contenido adicional relacionado, es decir, la segunda página del funnel.

3. Esta segunda página puede tener un video

más largo y un descuento interesante en tu producto/servicio relacionado (-50%). Para aprovechar este descuento, el cliente debe ingresar más datos (dirección, teléfono, tarjeta de crédito...). Inmediatamente después de ingresar los datos, se ofrece el primer upsell, una oferta relacionada con la anterior, con un descuento en otro producto/servicio relacionado. El upsell puede estar acompañado de una sales letter o de otro video y debe ser una oferta única e irrepetible. En este caso, debes ser cuidadoso de mantener tu palabra porque el cliente entenderá que eres serio y, si aún no lo ha hecho, la próxima vez aceptará la oferta de inmediato. El funnel, en la práctica, educa a los clientes sobre cómo haces negocios. Cuanto más compren de ti, más acostumbrados estarán a hacerlo en el futuro.

4. Todas las acciones deben confluir en una Página de Agradecimiento, que es muy importante tanto para agradecer a los clientes como para rastrear los resultados de las diversas acciones.

5. ¿Qué pasa si el cliente no realiza la acción requerida? Comienza a recibir una secuencia de correos electrónicos relacionados con el tema de la acción que no completó, que buscan educarlo y aclarar dudas para convencerlo de actuar.

A menudo hay una concepción errónea de que, si el cliente no compra, es una cuestión de precio. Casi nunca es así.

Es mucho más común que el tipo de bonificación, oferta o producto sea simplemente incorrecto. Si no compran, significa que no están interesados, punto.

La solución es cambiar con frecuencia los productos, modificar los servicios y probar cuáles tienen más éxito entre los clientes.

Otro miedo infundado es este: no querer enviar demasiados correos electrónicos por miedo a molestar a los suscriptores. Recuerda siempre que quien se suscribe y permanece dentro de tu funnel es una persona en sintonía con tu producto/servicio. Cuantas más ofertas, más información y más valor ofrezcas, más oportunidades tendrás de vender.

Si quieres construir un funnel, pero no eres una persona tecnológica, no te preocupes, hay muchos profesionales especializados en la creación de funnels para todo tipo de empresas.

Nota

Esta síntesis de "Direct marketing for non-direct marketing businesses" ha sido cuidadosamente preparada para difundir los principios del pensamiento Kennedy en espanol. Es parte de la famosa serie de libros "No B.S." creada por Dan Kennedy.

Dan Kennedy es uno de los protagonistas más influyentes e importantes del marketing de respuesta directa y, lamentablemente, sus libros solo están disponibles en inglés.

Aunque esta es una versión extremadamente sintética y sin las imágenes originales, estamos convencidos de que puede servir como trampolín para aquellos que no conocen bien el inglés, pero que desean profundizar y aplicar su pensamiento.

El propósito de esta síntesis es puramente divulgativo, no queremos de ninguna manera reemplazar el libro original de Dan Kennedy (disponible en Amazon a través del código QR).

El equipo de Ediciones Esencia